Manfred Frank

Warum bin ich Ich?

Eine Frage für Kinder
und Erwachsene

Insel Verlag

Druck: Offizin Andersen Nexö, Leipzig
Printed in Germany
Erste Auflage 2007
ISBN 978-3-458-17349-6

1 2 3 4 5 6 – 12 11 10 09 08 07

Für Gabriel Zanetti

Kinder, in ihrer Einfalt, fragen immer und immer: Warum? Der Verständige tut das nicht mehr; denn jedes Warum, das weiß er längst, ist nur der Zipfel eines Fadens, der in den dicken Knäuel der Unendlichkeit ausläuft, mit dem keiner recht fertig wird, er mag wickeln und haspeln, so viel er nur will.

Wilhelm Busch[1]

Als das Kind Kind war,
war das die Zeit der folgenden Fragen:
Warum bin ich Ich und
warum nicht Du?
Warum bin ich hier und
warum
nicht dort?
Wann begann die Zeit
und wo endet der Raum?
Ist das Leben unter der Sonne
nicht bloß ein Traum?
Ist, was ich sehe und höre und rieche,
nicht bloß der Schein
einer Welt vor der Welt?
Gibt es tatsächlich das Böse
und Leute, die wirklich die Bösen sind?
Wie kann es sein, daß ich, der ich bin,
bevor ich wurde, nicht war
und daß einmal ich,
der Ich bin, nicht mehr der,
der Ich bin, sein werde?

Peter Handke

1 Nachweise der von mir benutzten Quellen am Schluss des Bandes.

Statt eines Vorworts

Liebe Kinder!

Bevor ich anfange, muss ich euch etwas erklären. Der Text, den ihr (hoffentlich) gleich lesen werdet, war ein Beitrag zur sogenannten Tübinger Kinder-Uni. In ihr sollte getestet werden, ob Uni-Professoren (und -Professorinnen) tatsächlich Langweiler sind oder ob es ihnen gelingt, mehrere Semester in Folge Schulkinder etwa zwischen 7 und 12 Jahren jede Woche dienstags in Spannung zu erhalten.

Ich darf euch sagen: Diesen Test haben die Tübinger Professoren glänzend bestanden. Manchmal hat man bis zu 1300 Kinder in den überquellenden Hörsälen gezählt – und das, obwohl die Eltern in andere Hörsäle ausquartiert wurden; denn für sie waren die Antworten der Professoren und Professorinnen auf die Warum-Fragen nicht bestimmt, wie Kinder sie gern und unermüdlich stellen. Nicht, dass die Erwachsenen etwa die Antworten alle schon wüssten. Nein, sie haben sich im Lauf ihres Lebens – und weil das Leben mit viel Mühsal verbunden ist – das grundsätzliche Fragen immer mehr abgewöhnt (wie das oben abgedruckte Zitat aus Wilhelm Buschs *Schmetterling* so richtig und so melancholisch bestätigt).

Die Tübinger Kindervorlesung wird noch immer fortgesetzt. Was ihr aber in den Bänden zur Kinder-Uni

an Feinem zu lesen bekommt, hat keine oder kaum eine Ähnlichkeit mit dem, was die Professoren wirklich gesagt haben. Zwei findige Journalisten – nein: eine Journalistin und ein Journalist – haben es ganz alleine verfasst. Prima haben sie das gemacht – aber die Kinder wollten den Text lesen, den ich wirklich vorgetragen habe, und auch die hübschen Abbildungen wollten sie betrachten, die ich mit Liebe und Sinn ausgewählt hatte – und so wurde ich noch viele Male zur Wiederholung meiner Vorlesung eingeladen, bis ich mich – mit freundlicher Unterstützung des Insel Verlags – entschloss, aus dem Ganzen ein Büchlein zu machen.

In der Tübinger Kinder-Vorlesungsreihe hatten vor mir schon mehrere Professoren auf eure ›Warum‹-Fragen geantwortet, jeder mit den Werkzeugen seines eigenen Fachs. Ein Urzeitforscher hat erklärt, *warum* die Dinos ausgestorben sind: *weil* möglicherweise ein Riesenmeteorit auf der Erde eingeschlagen ist und das Klima zum Weiterleben zerstört hat. Ein Astronom erklärte, *warum* die Sterne nicht vom Himmel fallen: *weil* die anderen Sterne zu weit weg sind, als dass ihre Schwerkraft sie von der Stelle bewegen könnte. Oder – schon schwieriger – *warum* lachen wir? Probier-Antwort: *weil* wir durch irgendwas gespannt gemacht werden, das sich dann in nichts auflöst. Das hat der große Philosoph Immanuel Kant vor gut 215 Jahren gesagt (im § 54 seiner *Kritik der*

Urteilskraft). Ein Beispiel dafür, wie recht er hat: Tünnes kommt von einer Safari aus Afrika zurück. Schäl fragt ihn: »Wie vill Löwen hasse denn jeschosse?« Tünnes antwortet: »Kein.« Schäl: »Wie, kein?« Tünnes. »Für Löwen is dat vill!«

Noch schwieriger: *Warum* müssen wir sterben? Eigentlich wollen wir nicht hören, warum unsere Körper von der Natur so gebrechlich eingerichtet wurden, sondern warum uns ein so unzumutbares Schicksal zugeteilt ist.

Die Beispiele zeigen uns: Wir müssen unterscheiden zwischen ›Warum‹-Fragen zweierlei Typs. Die einen wollen eine Ursache herausfinden. Die Dinos sind ausgestorben, *weil* ein riesiger Meteorit in die Erde eingeschlagen ist und die klimatischen Verhältnisse zum Überleben von Riesenechsen unmöglich gemacht hat. Vulkane rauchen, *weil* die Flüssigkeit in den heißen Lavamassen, die die Erde aus Bereichen von unterhalb ihrer Kruste ausstößt, verdampft und an der kühleren Luft kondensiert. Aber Fragen wie die: »Warum müssen wir sterben?«, sind eigentlich keine ›Warum‹-Fragen. Sie wollen nicht die Ursache wissen, sondern fragen: *Wozu* ist die Welt so eingerichtet, dass Tieren und Menschen etwas so Schreckliches abverlangt wird – egal, was die biologische Ursache dafür ist. ›Wozu‹-Fragen sind auch solche wie: »Warum gibt es überhaupt etwas, warum gibt es nicht vielmehr nichts?«, oder: »Warum dürfen wir nicht lügen?«, oder: »Warum sind wir Iche?« Sie lassen sich gar nicht beantworten durch Angabe einer Ursache.

Es sind nämlich philosophische Fragen; und philosophische Fragen haben eigentlich keine (oder selten) eindeutige Antworten. Philosophen sind Wissenschaftler, die die Kinderfragen nicht vergessen haben, wenn sie erwachsen geworden sind. Sie machen solche Fragen zu ihrem Beruf. Unter anderem stellen sie lauter ›Wozu‹-Fragen. Zum Beispiel: »Wozu ist etwas, das es gibt, eigentlich gut?«

Warum bin ich Ich?

Fangen wir endlich an. Die typisch philosophische Frage, auf die ich euch eine Antwort geben will, heißt: *Warum bin ich Ich?* Manche unter euch werden sagen, wie es so ähnlich das Sams tut: »So eine dumme, so eine strohdumme Frage!«
»Was sollte ich denn sonst sein, wenn nicht Ich?«, werden einige fragen. Damit könnten sie meinen: Es hat doch gar keinen Sinn, zu fragen, warum ich Ich bin.
Aber – da wir einmal beim ›Warum‹-Fragen sind – warum hat das keinen Sinn? Es könnte doch sein, dass ich, Manfred Frank, gar nicht geboren worden wäre, weil meine Eltern sich zufällig nicht kennen gelernt (oder nicht erfolgreich miteinander geschlafen) hätten. Dann gäbe es mich gar nicht – und also auch nicht das Ich, das ich bin. Es könnte auch sein, dass meine Mutter (die aber dann natürlich nicht *meine* Mutter geworden wäre) einen anderen Mann kennen gelernt hätte, und nicht meinen Vater (der dann natürlich auch nicht mein Vater heißen dürfte). Dann hätte dieser andere Mann mit meiner Mutter einen anderen Jungen (oder vielleicht ein Mädchen) gezeugt – und wieder nicht mich. Auch dieser andere Junge oder dieses andere Mädchen würde zu sich ›ich‹ sagen. Und

doch wären sie nicht ich, nämlich nicht Manfred Frank – komischer Gedanke.
Aber bin *ich* wirklich Manfred Frank? Es könnte doch sein, dass das Kind meiner Mutter und eines anderen Vaters auch den Namen Manfred Frank bekommen hätte (denn Väter, die Frank heißen, gibt es wie Sand am Meer).
Es könnte sogar sein, dass ich zwar geboren worden bin als wahrhaftiger Sohn meiner Eltern, dass meine Mutter aber abgelenkt war durch den Bombenhagel, der gerade in diesem Augenblick auf die Geburtsstation der Wuppertaler Landesfrauenklinik niederging. Die Ärzte und Schwestern rannten kreischend durcheinander und suchten, sich zu retten. Da kann man wohl verstehen, dass auch meine Mutter nicht genau aufgepasst hat, und ich mag ein falsches Namensbändchen um den Arm gewickelt bekommen haben. Darauf mag zwar »Manfred Frank« gestanden haben. Aber ich war in Wirklichkeit das Kind einer anderen Mutter, die auch Frank hieß (denn Frank ist – wie gesagt – kein seltener Nachname; vielleicht hießen noch ein paar andere Mütter Frank, und vielleicht hieß sogar noch ein anderer Junge Manfred – das war damals ein Modename). Die Hebammen und Krankenschwestern waren eben in Panik und hatten während des Fliegeralarms im Luftschutzkeller andere Sorgen, als auf mein Armbändchen aufzupassen. Und so bin ich vielleicht bei einer Mutter aufgewach-

sen, die Marianne Frank hieß und mich fälschlich für ihr Kind hielt.
Aber: Wenn ich gar nicht wirklich Manfred Frank, sondern nur aus Versehen an diesen Namen geraten bin, höre ich dann auf, Ich zu sein? Und ihr, wenn euch bei der Geburt jemand mit einem anderen Baby verwechselt und eure Mama das nicht bemerkt hätte, wärt ihr dann nicht genau die, die ihr seid? Und würdet ihr nicht genauso ›ich‹ zu euch sagen, wie ihr es jetzt tut? Wenn ihr etwas über euch selbst sagt (z. B. ›*ich* habe Schmerzen im Mittelohr‹, ›*meine* Schultasche ist zu schwer‹, ›*mir* ist schlecht‹ oder ›das geht *mich* doch nichts an‹), dann gebraucht ihr jeweils ein Wort aus der Gruppe ›ich‹, ›mein‹, ›mir‹, ›mich‹. Man nennt sie Fürwörter der ersten Person Einzahl. Ein Fürwort ist ein Wort, das *für* ein anderes Wort steht, und die erste Person bin immer ich; und ich bin immer in der Einzahl. (Obwohl wir gleich sehen werden, dass es geistige Störungen gibt, in denen das den Erkrankten nicht so vorkommt; sie fühlen z. B., dass ihnen ihre Gedanken von jemand Fremdem eingegeben werden oder dass ihre Persönlichkeit in mehrere gespalten ist.)
Wir bezeichnen uns selbst also normalerweise, und zwar etwa ab dem Alter von zwei Jahren, mit dem Fürwort der ersten Person Einzahl. Das kennt ihr aus der Grammatik. Zum Beispiel steht das Fürwort ›ich‹, wenn *ich* es gebrauche, *für* das Namenwort ›Manfred

Frank‹. Wenn *ihr* aber über *euch* sprecht, dann sagt ihr ebenfalls ›ich‹ zu euch und meint doch jeweils euch selbst, und gerade nicht mich. Das ist ganz schön verwirrend. Nehmt an, ich schaue gerade, während ich dies schreibe, aus dem Fenster und sage zu mir selbst: »Da seh' ich doch endlich die Elster wieder, die einmal in unserem Garten genistet hat.« Nun frage ich einen von euch: »Was habe ich gerade gesagt?«, und der oder die antwortet: »Ich sehe die alte Elster wieder.« Dann hat der oder die zwar ungefähr wiederholt, was ich tatsächlich gesagt habe. Aber der Satz ist jetzt falsch geworden. Als hätte ihn ein Papagei sinnlos nachgeplappert. Denn *ich* habe ja die Elster wiedererkannt, nicht *ihr* (und wohl auch nicht der Papagei). Oder, wenn ich euch frage: »Versteht ihr eigentlich, was ich euch gerade erklären will?«, und ihr antwortet: »Bisher habe ich noch nicht viel verstanden!«, dann sagt ihr was ganz anderes als ich, der ich dieselbe Frage beantworte mit: »Ich finde mich glockenklar; jedenfalls gebe ich mir Mühe«; aber beide sagen wir ›ich‹. Das Fürwort ›ich‹ hat also die wunderbare Eigenschaft, immer den zu meinen, der es gerade gebraucht, obwohl die Sprecher natürlich jeweils andere sind.

Aber kaum haben wir das gesagt, kommen uns Zweifel. Gilt diese wunderbare Eigenschaft auch für seelisch Kranke, die man schizophren nennt? Schon vor gut 200 Jahren hat die Psychiatrie (das ist die See-

lenheilkunde) eine schreckliche Krankheit beschrieben, bei der Personen nicht zu wissen glauben, wer sie eigentlich sind. Schlimmer: Wenn sie etwas zu tun glauben, kommt es ihnen so vor, als handle an ihrer Stelle eine fremde Macht. Denken sie etwas, kommt es ihnen vor, als denke an ihrer Stelle jemand anders. Die Ärzte nennen das ›Gedankeneingebung‹, weil es den an dieser Krankheit Leidenden so vorkommt, als gäbe ihnen jemand ihre Gedanken ein – und sie seien eigentlich nicht sie selbst, es fehle ihnen ihr wahres Ich, oder dies Ich sei so blass, so unwirklich geworden, dass sie es nur zu kennen *scheinen*.
Der romantische Arzt Johann Christian Reil berichtet vor reichlich 200 Jahren von einem geisteskranken Mann, der sein Spiegelbild im Fluss betrachtet und von einem vorübergehenden Mann angeredet wird:

> »Sie scheinen in tiefes Nachdenken versenkt!« »Ich weiß nicht«, sagte er mit langsam abgemessenem Tone, den Zeigefinger an die Nase haltend, »*bin ich das in dem Strome dort*, oder *das*«, indem er auf sich deutete, »*was hier in den Strom sieht?*« »Was Sie dort sehen«, antwortete ihm der Vorübergehende, »*scheinen* Sie zu sein; was hier sitzt, *sind* Sie. Nicht so?« »*Scheinen* Sie zu sein«, fiel er ein: »Ja wohl, scheinen: Scheinen, das ist's! Ich scheine mir zu sein! *Wer doch wüsste, ob* und *was er wäre!*« »Sind Sie nicht«, fuhr der Vorübergehende

> fort, »wenn ich fragen darf, Herr Soundso?« »Sie nennen mich so: Ja, es gab eine Zeit, *wo ich war*. Wo ich ganz innig, so wahr, so lebendig mich fühlte. [...] Aber nun«, so endete er, »nun ist's vorbei, nun bin ich der Schatten eines Traumes, verloren in der Unendlichkeit, *suche mich, und finde mich nirgends.*«

Der arme Mann! Seine Sprache zeigt, dass er gebildet ist und genau sieht, dass ihn der Vorübergehende nicht verstehen wird.
Aber, werden wir nun fragen: *Wem* geschieht dieses schreckliche Leid? Um den Schaden seiner Geistesverwirrung zu spüren, musste er doch ein Ich sein und das auch wissen. Man kann nicht unter einer Geistesverwirrung leiden, die man nicht selbst hat oder die man einem anderen und nicht sich selbst zuschreibt. So haben das Phänomen der Schizophrenie auch spätere Psychiater gedeutet. Einer von ihnen – er heißt Paul Schilder und lebte in der ersten Hälfte des 20. Jahrhunderts – redet von einem ›zentralen Ich‹, das im Zentrum, also in der Mitte unserer Persönlichkeit steht und sich dort nie verliert. Er unterscheidet es etwas künstlich vom ›Selbst‹, das sich verändern könne. Auch der oder die Schizophrene besitzt ein solch unauflösliches Kern-Ich, meint Paul Schilder:

> Verändert ist [bei Persönlichkeitsstörungen] nicht das zentrale Ich, das Ich im eigentlichen Sinne, verändert ist vielmehr das Selbst, die Persönlichkeit, und das zentrale Ich nimmt jene Veränderungen des Selbst wahr. Es setzt somit die Depersonalisation [das meint: der Verlust der Persönlichkeit, des Selbst] eine bestimmte Summe erhaltener Fähigkeiten voraus. Die Veränderung des Selbst ist nicht Veränderung irgendeiner Gruppe psychischer Elemente, der Empfindungen, der Gefühle, der Erinnerungen und Denkvorgänge (wenn es überhaupt erlaubt ist, derart zu sondern), sondern rührt daher, dass das zentrale Ich in seine Erlebnisse nicht mehr in der früheren Weise eingreift.

Ihr werdet sagen: Das ist aber ganz schön kompliziert ausgedrückt. Daran könnt ihr sehen, dass sogenannte Naturwissenschaftler keineswegs einfacher sprechen als Philosophen, vor allem, wenn sie sich in so philosophischen Regionen bewegen wie Paul Schilder. Aber die Botschaft haben wir doch gut verstanden: Menschen mit einer Persönlichkeitsstörung – also solche, denen ihr Tun und Denken als das Tun und Denken eines anderen vorkommt – haben eine Selbst-Störung, aber ihr Ich funktioniert normal. Diese Patienten wissen immer noch, und zwar ganz sicher, dass *sie* es sind, die dieses schreckliche Leiden durchmachen, bei dem ihnen ihr ›Selbst‹ abhandenkommt oder fremd wird.

Mit ›ich‹ treffen wir also auch im schlimmsten denkbaren Fall immer haargenau den Richtigen oder die Richtige; wir können da – scheint es – gar keinen Fehler machen.

Wenn wir uns aber mit ›der, der da jetzt gerade spricht‹ oder mit unserem Namen oder mit einer Beschreibung ansprechen (z. B. mit: ›der Mann, der jetzt gerade hinterm Mikrophon eine Kindervorlesung hält‹ oder ›das Mädchen im Hörsaal mit den langen blonden Haaren und Sommersprossen, das jetzt gerade zu spät hereinspaziert‹), dann können wir uns merkwürdigerweise ganz schön vertun. Zum Beispiel könnte jemand, der mir nicht unähnlich sieht, sich neben mich ans Mikrophon geschlichen haben, um sich einen Spaß mit mir zu machen. Er hat vorher mein Mikrophon ausgeschaltet und sagt durch ein anderes mit ähnlicher Stimme genau dasselbe wie ich. Dann werde ich vielleicht vor lauter Konzentration auf mein Publikum und die Redesituation gar nicht merken, dass *ich* der Sprecher nicht bin; und der Ausdruck ›der Mann, der jetzt gerade hinterm Mikrophon eine Kindervorlesung hält‹, mit dem ich mich zu bezeichnen glaube, wäre unzutreffend. Oder die Beschreibung, die ich von dem Mädchen gegeben habe, kann ins Leere gehen: Junge Mädchen sehen Jungen manchmal ähnlich (ältere auch), und manchmal haben Jungen auch lange Haare. Selbst, wenn ich sage: »Macht doch bitte diesen Rollladen zu, die Sonne blendet mich«, und zeige dabei auf einen Rollladen im Hörsaal, kann ich den falschen meinen: Das Licht fiel in Wirklichkeit durch einen anderen hinein als durch den, auf den ich zeigte.

»Jetzt wird es aber noch komplizierter«, werdet ihr sagen. Das finde ich auch. Darum will ich euch jetzt erst einige mehr oder weniger wahre Geschichten erzählen und dann ein echtes tierkundliches Experiment vorstellen. All das lässt sich ganz leicht verstehen. Die beiden Geschichten veranschaulichen diese vertrackte Angelegenheit recht lustig, und das Experiment beweist wissenschaftlich, dass da was dran ist. Danach will ich euch noch drei Geschichten erzählen, die nicht wahr sind und zu denen die Bilder gehören, die ich euch versprochen habe. Und – ehrlich gesagt – habe ich am Schluss noch zwei Geschichten, von denen ich nicht sicher bin, ob sie wahr oder falsch sind.

Die erste (und wahre) Geschichte ist dem Wiener Physikprofessor Ernst Mach gegen Ende des 19. Jahrhunderts passiert; er schildert sie in seinem wissenschaftlichen Hauptwerk mit dem Titel *Analyse der Empfindungen*. Einst sei er, etwas erschöpft, in einen Omnibus gestiegen. Als er die Treppen hinaufging, sah er im gleichen Rhythmus auf der anderen Seite einen Mann einsteigen, und bei seinem Anblick

schoss ihm der Gedanke durch den Kopf: »Was steigt doch da für ein heruntergekommener Schulmeister ein!«
In seiner Zerstreutheit hatte Mach nicht bemerkt, dass gegenüber der Treppe, über die er in den Bus einstieg, ein großer Spiegel angebracht war. Er hat *sich* also *selbst* gesehen. Aber gedacht hat er, dass da ein ziemlich heruntergekommener Lehrertyp einsteigt. Und das ist doch ein recht unangenehmer Gedanke für einen gepflegt gekleideten und angesehenen Professor, dass er nach seiner eigenen Meinung so aussieht wie ein schäbiger Lehrmeister.
Eine andere lustige (und ebenfalls wahre) Geschichte erzählt der Philosoph John Perry, der viel darüber nachgedacht hat, was ein Ich ist. Er habe einmal ein Einkaufswägelchen mit allerlei Waren drin durch einen Supermarkt geschoben. Plötzlich fiel ihm eine Zuckerspur am Boden auf.

> [Ich] schob meinen Einkaufswagen den Gang auf der einen Seite eines hohen Regals hinunter und auf der anderen Seite wieder hinauf. Ich wollte den Kunden mit dem zerrissenen Paket suchen, um ihm zu sagen, dass er eine Schweinerei anrichtet. Aber mit jedem Gang um das Regal wurde die Spur breiter. Doch ich schien ihn nicht einholen zu können. Endlich dämmerte es mir. *Ich* war der Kunde, den ich einzuholen versuchte.

So was Ähnliches – wette ich – ist euch auch schon passiert. Aber was ist daran eigentlich so komisch und so verwirrend? Im ersten Beispiel hat Ernst Mach ja ganz richtig auf sich Bezug genommen, und er war bei vollem Bewusstsein (wenn auch etwas müde). Im zweiten Beispiel hat John Perry auch ganz genau auf sich selbst Bezug genommen, denn der ›messy shopper‹, der Einkäufer, der die Schweinerei mit der Zuckerspur anrichtete, war ja *er selbst*; nur wusste er das nicht. Wir könnten sagen: Mach und Perry *hatten* Selbstbewusstsein (so nennt man das Bewusstsein, das wir von uns selbst oder – wenn ihr wollt – von unserem jeweiligen Ich haben). Aber Mach und Perry haben nicht *geglaubt*, also nicht für wahr gehalten, dass *sie selbst* es sind, auf die sie da Bezug nehmen.

Wie kann so etwas passieren? Einfach dadurch, dass sie, statt über das Fürwort ›ich‹ oder ›mein‹ oder ›mich/mir‹ direkt auf sich Bezug zu nehmen, eine *demonstrative Beschreibung dazwischengeschoben* haben.

Die meisten von euch wissen aus der Schule, was ein Demonstrativpronomen ist, etwa ›dieser‹ oder ›diese‹ oder ›der da drüben‹. Und eine Beschreibung sagt kurz, was eine Person ist (woran man sie erkennt): etwa ein Fußgänger oder ein heruntergekommener Schulmeister oder einer, dessen Tüte im Einkaufswagen Zucker verliert. Da Mach so ein Demonstrativpronomen und außerdem eine solche Beschreibung benutzte, als er auf diesen schäbigen Schulmeister im Spiegel Bezug nahm (»dieser schäbige Schulmeistertyp dort drüben im gegenüberliegenden Eingang«), oder Perry, als er dachte: »der Typ, der immer mehr Zucker verliert«, konnte es ihnen passieren, dass sie nicht wussten, dass sie auf sich selbst Bezug nahmen. Zum Selbstbewusstsein gehört also mehr, als dass wir die betreffende Person (uns selbst) richtig beschreiben oder auf die richtige Person (uns selbst) zeigen. Wir müssen verrückterweise auch noch glauben, dass *wir selbst* es sind, die wir da meinen. Und das läuft nur über die Benutzung des Zauberwörtchens *›ich‹*.

In diesen Zusammenhang passt gut ein etwas alberner Witz: Ein Polizist findet auf seiner Streife einen Spiegel und guckt hinein: »Mensch«, sagt er, »das Gesicht kenn' ich doch! Wenn ich nur wüsste, woher? Jetzt ist es zu spät, aber morgen schau' ich mal in die Fahndungsliste.« Der Polizist steckt den Spiegel ein und geht nachhause. »Warum kommt der schon wieder so spät nachhause«, denkt seine Frau, »da steckt doch bestimmt was dahinter.« Sie durchkramt seine Hosentaschen, findet den Spiegel und guckt hinein: »Hab ich's doch gewusst! Eine andere Frau!«

Ein drittes Beispiel ist die Szene aus einem Film, den ich gesehen habe, als ich ungefähr so alt war wie ihr jetzt. Ich weiß den Titel nicht mehr, aber den Namen des komischen Hauptdarstellers weiß ich noch: Er hieß Bob Hope. Es war ein wüster Piratenfilm voller wilder bärtiger Männer mit Degen und Pistolen im Gürtel, und oft schlugen die Degen klingend aufeinander, und blaue Bohnen flogen durch die Luft. Aber auch Bösewichter müssen sich manchmal waschen oder rasieren. Natürlich nicht elektrisch (denn wo käme Strom her auf einem alten Seeräuberschiff?), sondern mit blanken Klingen. Auf diese Weise rasiert sich also Bob Hope gemütlich vor dem eingerahmten Glas einer Durchreiche, die er für einen Spiegel hält. Dahinter glaubt er, *sich* zu sehen: Ein Mann, so aussehend wie er, rasiert sich im gleichen Rhythmus. Wenn er den Pinsel in den angerührten Seifenschaum tunkt, tut es sein Spiegelbild ebenso. Wenn er sich von der höchsten Stelle vor dem rechten Ohr die Stoppelhaare von der rechten Wange abschabt, tut es sein Spiegelbild brav ebenso. Aber plötzlich streckt der Mann im Spiegel weit seine Zunge raus. Und während Bob Hope noch prüft, ob er vielleicht aus Versehen auch seine Zunge rausgestreckt hat, schlägt der Mann im Spiegel seine Faust durch den Rahmen und schlägt Bob Hope k. o.: *knock down*. Der vermeintliche Spiegel war eben nur die durch den Rahmen gebildete freie Fläche, und der Mann dahinter war nicht Bob Hope, sondern ein gut verkleideter Gegner.

Ein amerikanischer Philosoph namens Sydney Shoemaker erinnert sich an eine andere, aber ganz ähnliche Filmszene: *Duck Soup* (*Entensuppe*) von den

Marx Brothers, die ihr vielleicht kennt. Darin kommt Groucho Marx langsam dahinter, dass in dem riesengroßen Rahmen, den er vor sich sieht, kein Spiegel angebracht ist, sondern ein Doppelgänger seine Bewegungen geschickt nachäfft. Auch Shoemaker folgert, dass wir die Kenntnis, die wir von uns selbst *als* uns selbst haben, nicht aus einem Gegenstand vor uns oder aus einem Spiegelbild lernen: Wir mussten sie vorher schon besitzen.

Jetzt habe ich aus Versehen schon verraten, was ich euch fragen wollte, nämlich, was wir aus all diesen Beispielen lernen. Richtig: dass wir nicht aus dem Spiegel erfahren, dass wir die sind, die wir sind, wenn wir es nicht schon vorher wussten. So wenig wie Perry aus der Zuckerspur lernt, dass *er* sie verloren hat, so wenig lernt Mach aus dem Anblick eines heruntergekommenen Schulmanns, dass *er* so einer ist. Wäre das so, dann würden wir genau auf dieselbe Weise lernen, dass wir Iche sind, wie wir lernen, dass hier im Hörsaal Bänke und Lautsprecher sind. Aber verrückterweise brauchen wir dazu gar keine Kenntnis von irgendwas Äußerem. Wir wissen es einfach aus unserem Selbstbewusstsein – und das praktizieren wir spielend durch den Gebrauch des Zauberwörtchens ›ich‹. In einem Lustspiel des französischen Dramatikers Molière, *Der Bürger als Edelmann*, denkt die eingebildete Hauptfigur, Monsieur Jourdain, er könne Prosa sprechen. So sagt man zur ungereimten, ganz alltäglichen Rede ohne Versmaß, wie sie uns spontan aus dem Mund kommt. Jemand sagt ihm nämlich, dass er, wenn er sich weiter keine Mühe gibt und einfach drauflos spricht, ›Prosa‹ spreche. Aber ›Prosa‹ ist ein so gelehrter Ausdruck, dass der eingebildete Herr Jourdain denkt, dass, wenn er nur den Mund zum Sprechen aufmacht, ihm etwas so Tolles wie das Prosa-Sprechen gelingt, das sonst nur Dichter nach langer Übung beherrschen. Die Bücher oder Romane, die ihr lest, sind gewöhnlich in Prosa geschrieben – und das ist weiter nichts Besonderes, auch wenn die Schriftsteller sich viel Mühe dabei geben. – So scheint es uns auch beim ›Ich‹-Sagen zu ergehen: Wir tun das ganz selbstverständlich und treffen doch verwunderlicherweise immer todsicher uns selbst.

Und das ist nicht nur bei uns Menschen so. Es handelt sich offenbar um eine Fähigkeit, deren Besitz wir mit höheren Tieren teilen. Besonders mit unseren engsten Verwandten, den (darum so genannten) *Menschen*affen. Wie ihr auf der Abbildung seht, schauen der vernunftlose Benzolring, aber auch die Taube und die Wildkatze vergeblich in den Spiegel. Ein Fragezeichen bildet sich über ihrem Kopf, sie checken das nicht, sondern denken: »Wer is'n das?« Nicht so das Menschenkind und der Schimpanse, der seine Zähne bleckt und sich darüber amüsiert, wie komisch er jetzt aussieht.

?
WER?
?
?
I
C
H

Um das zu beweisen, hat der Tierpsychologe Gordon Gallup schon vor Jahrzehnten ein berühmtes Experiment angestellt. Er hat seine Versuchstiere (Schimpansen) in Narkose versetzt, damit sie gar nichts von dem Experiment merkten. Während sie bewusstlos waren, hat er ihnen einen roten Farbfleck jeweils auf die rechte Augenbraue und aufs linke Ohr gemalt. Es gab keine Tast- oder Geruchsspuren, die auf die Flecken hätten führen können. Nach Abklingen der Betäubung wurden Filme gedreht sowohl über das Verhalten des Schimpansen *vor* einem und *ohne* Spiegel. Bei aufgestelltem Spiegel berührten die Schimpansen ohne zu zögern und ganz zielsicher den Rotfleck auf Augenbraue und Ohr. War der Spiegel weggeräumt, fassten sich die Schimpansen nicht häufiger an die markierten als an irgendwelche unmarkierten Kopfstellen. Der Tierpsychologe und -neurologe Marc D. Hauser diskutiert diese Versuche kritisch und kommt zu dem Schluss, sie seien wirklich gewissenhaft genug durchgeführt, um uns zu überzeugen, dass die Schimpansen sich selbst *als* sich selbst im Spiegel erkannten und ihr Spiegelbild nicht mit dem Bild eines Artgenossen verwechselten. Diese Schimpansen gewannen ihr Bewusstsein von sich also nicht dadurch, dass sie durch ein Spiegelbild lernten, dass *sie* es sind, die da abgebildet sind. Das wussten sie, wie wir Menschen, schon vorher; die Schimpansen erkennen sich im Spiegelbild lediglich *wieder*.

Hausers Schluss aus der Diskussion dieser (und anderer, komplizierterer und neuerer) Experimente ist eindeutig – und er spricht von einem ›Selbstgefühl‹ (sense of self) der Schimpansen.
Nun werdet ihr sagen: Könnte dies Selbstgefühl den Tieren nicht andressiert worden sein? Etwa so, dass man ihnen oft genug Spiegel vorgestellt und sie immer dann belohnt hat, wenn sie die Farbkleckse in ihrem Gesicht nicht am Spiegel, sondern an sich selbst abgewischt haben? Aber nein, so kann man das Wissen der Menschenaffen nicht erklären. Warum nicht? Weil sich die Tiere gleich bei ihrer *ersten* Selbstbegegnung im Spiegel erkannten. Die Versuche belegen, dass einige Menschenaffen und Menschenkinder ab zwei Jahren gewöhnlich diesen Test bestehen. Keine andere Tierart, soviel wir wissen, zeigt spontan ein solches Verhalten vor einem Spiegel.
Was lernen wir aus diesem Experiment? Richtig: Wir kennen uns nicht dadurch *als* uns selbst, dass wir ein Spiegelbild – das wir als solches nicht durchschauen – für ein Bild unserer selbst halten. Sowieso ist der Spiegel ein geheimnisvolles Ding. Viele Märchen und Erzählungen berichten von seinem trügerischen Geheimnis. So gibt es eine berühmte Erzählung des Romantikers E. T. A. Hoffmann, in der einem bis

über die Ohren verliebten Mann von seiner tückischen Geliebten sein Spiegelbild abgelistet wird, so dass er, wenn er fortan in den Spiegel sieht, allerlei, aber nicht mehr sich selbst sieht: ein unheimlicher Gedanke.

Als ihr noch kleine Kinder wart, jünger als zwei Jahre, habt ihr euer Spiegelbild für ein Bild von einem anderen gehalten, so wie die meisten Tiere das tun (Hunde etwa vorm Spiegel). Ihr habt auch erst mit ungefähr zwei Jahren gelernt, zu euch selbst ›ich‹ zu sagen. Hattet ihr dies geheimnisvolle Fürwort einmal gelernt, ging alles wie geschmiert: Ihr konntet immer fehlerlos auf euch selbst Bezug nehmen. Erinnert ihr euch etwa daran? Dass das wirklich so ist, dass ›ich‹ wirklich ein Zauberwort ist, dafür gebe ich euch nachher noch ein anderes schlagendes Beispiel aus dem Kinderbuch *Das kleine Ich bin Ich.*

Aber zunächst will ich euch die versprochenen anderen Bilder zeigen. Diesmal handelt es sich nicht um wahre, sondern um

erfundene Geschichten. Die erste ist aus *Pu der Bär.* Wer kennt das Buch? Es ist die Episode, in der Pu und Ferkel auf die Jagd gehen und fast ein Wuschel fangen.

Es hat geschneit, und Pu der Bär stapft eines Morgens durch den Winterwald. Er ist in Gedanken – Pu denkt ja immer an irgendwas – und geht also versonnen (und weil er nicht aufpasst) im Kreis herum. Schließlich

bleibt er stehen. Er denkt nach über die seltsamen Fußstapfen, die er im Schnee vor sich sieht.
Um der Sache nachzugehen, verfolgt er die Spuren noch einmal – und plötzlich, am Ausgangspunkt der Runde – sind es zwei geworden. Ferkel kommt dazu und fragt: »Was machst du denn da, Pu?« Und Pu sagt: »Ich jage.« Ferkel fragt: »Was jagst du denn?« Und Pu antwortet geheimnisvoll: »Ich spüre etwas auf.« »Was spürst du denn auf«, fragt Ferkel, und Pu antwortet: »Das ist es genau, was ich mich selber frage. Ich frage mich: Was?« Und Ferkel fragt: »Und was, denkst du, wirst du dir antworten?« Pu sagt: »Ich werde warten müssen, bis ich es gefangen habe.« Und damit zeigt er auf zwei mittelgroße Fußspuren. Ferkel (das ja von Natur sehr ängstlich ist), kriegt einen Riesenschreck und stottert: »O Pu, denkst du, es ist ein – ein – ein Wuschel?« Pu antwortet: »Kann sein. Manchmal ist es ein Wuschel, und manchmal ist es keines. Bei Fußspuren kann man nie wissen.« Ferkel hat nun erst recht Angst, weil man ja nicht wissen kann, ob Wuschel gefährliche Wesen sind, die mit kleinen Schweinchen kurzen Prozess machen. Aber Ferkel folgt Pu zitternd auf seiner Jagd nach dem Wuschel.
Nach einer ziemlichen Weile bleibt Pu plötzlich stehen und sagt: »*Guck mal!*« »*Was denn?*« sagt Ferkel und springt vor Schreck in die Luft, tut aber so, als wenn das nur einen Freudensprung bedeuten solle.

Es gibt jetzt ein drittes und sogar ein viertes Tier, die dazugestoßen sind; denn auf dem Boden sind *drei* Spuren von einem Wuschel und noch zusätzlich eine kleinere Spur – offenbar von einem Wischel.
Ihr ahnt (oder wisst), wie es weitergeht. Nach einiger Zeit kommen die beiden wieder zum Ausgangspunkt.

Man sieht jetzt vier Spuren von einem Wuschel und zwei von einem Wischel.

Ferkel bekommt einen fürchterlichen Schreck und erfindet einen Vorwand, um rasch nach Hause zu laufen; und da es dort etwas zu essen gibt und Pu gegen 11 Uhr immer gern einen kleinen Imbiss verzehrt, begleitet er Ferkel. Auf dem Weg blickt er auf – und was sieht er: Christopher Robin oben auf einem Baumzweig sitzend und lachend.

Ferkel läuft vor Scham weg. Christopher Robin sagt: »Dummer alter Bär, was hast du denn da gemacht? Erst bist du zweimal allein durch die Büsche gestapft, dann ist Ferkel mit dir gelaufen, und ihr seid wieder im Kreis gegangen, und dann seid ihr zum vierten Mal im Kreis gelaufen –« »Wart mal«, sagt Winnie-der-Pu und hält seine Pfote hoch. Er denkt und denkt und zählt und zählt, steht auf und sagt: »Ja. Jetzt seh' ich's. Ich bin töricht und verblendet gewesen«, sagt er, »und ich bin ein Bär ohne allen Grips.« Aber Christopher Robin antwortet: »Du bist der beste Bär auf der ganzen Welt.« »Wirklich?«, fragt Pu hoffnungsvoll; und dann heitern sich seine Züge auf. »Wie auch immer«, sagt er, »es ist jetzt jedenfalls Zeit für einen kleinen Imbiss.«

Kennt ihr die französisch-belgische Comic-Reihe *Tintin*, die auf Deutsch mit *Tim und Struppi* übersetzt ist? (Struppi, im französischen Original Milou, ist der goldige kleine Foxterrier des Hauptthelden Tintin bzw. – deutsch – Tim). In dem Heft *Tintin au pays de l'or noir*, also: *Tim und Struppi im Reich des schwarzen Goldes* ist Krieg ausgebrochen zwischen dem Emirat Ben Kalish Ezab und dem Scheichtum Bab El Ehr – natürlich geht es um Öl, natürlich sind schurkische europäische Interessen im Spiel. Außerdem gibt es die beiden kreuzdummen Polizisten Schultze und Schulze (im französischen Original heißen sie Dupond und

Dupont), deren Name sich nur in einem Buchstaben unterscheidet, den man beim Aussprechen nicht hört, und die sich auch sonst gleichen wie ein Ei dem andern. Sie suchen in der Wüste mit dem Jeep ihren vom Scheich von Bab El Ehr entführten Freund Tintin. Sie fahren immer im Kreis herum und denken, sie seien dem Ziel ganz nahe. Aber sie erkennen einfach nicht, dass die vielen zusätzlichen Spuren im Sand von ihnen selbst herrühren.

Auf einmal finden sie im Sand einen vollen Benzinkanister und sagen: »Na prima, noch voll. Da hatten wir Glück. Natürlich, der arme Kerl, der ihn verloren hat, der sitzt jetzt ganz schön in der Patsche.« Sie gucken ihren eigenen Jeep an. Dem fehlt genau so ein Kanister, wie sie eben einen gefunden haben. Also sagen sie (auf Französisch): »Sapperlipopette!«, schnallen den Kanister an und fahren weiter. Erkannt haben sie nicht, dass sie selbst es waren, die immer im Kreis herumgefahren sind und den Benzinkanister verloren haben. Das ähnelt ziemlich der Geschichte, die John Perry erzählt hat. Nicht wahr?

Wie Kommt nur dieser Dokter Müller hierher? Weshalb hat er die Ölleitung gesprengt? Und weshalb hat er mich verschont, als ich ihm wehrlos ausgeliefert war? Ich verstehe das alles nicht!
Oh! Was ist das?... Das muss ich mir näher ansehen.
?
Struppi, eine Autospur!... Wir haben Glück!
O ja! Vielleicht ist es eine Autobuslinie!
Es Könnte ein Jeep sein... Sand und Steine sind in diese Richtung geschleudert, also fuhr der Wagen dorthin! Auf, Struppi, ihm nach!
Müller lassen wir einstweilen ruhig weiterreiten.
Währenddessen...
So Kann es nicht weitergehen, Schulze! Wir müssen den richtigen Weg finden, sonst...
Gerettet, mein Lieber!... Sieh mal, eine Autospur...
Du hast recht!... Diesmal ist es Keine Fata Morgana.
Wir brauchen nur noch dieser Spur zu folgen... Höchst einfach!
Und eine Stunde später...
Da! Eine zweite Spur! Ein anderer Wagen folgt dem ersten...
WirKlich grossartig, dass wir diese Spur entdecKt haben!
Ich würde sogar sagen: Es ist einfach grossartig!
Noch eine Stunde später.
Und da!... Ein dritter Wagen! Wir befinden uns in einer ganz belebten Gegend!
Nach etlichen Stunden.
Noch eine!... Das ist schon die siebte Spur!
Wir nähern uns sicher einer Stadt... Halt! Was liegt denn da auf dem Weg?

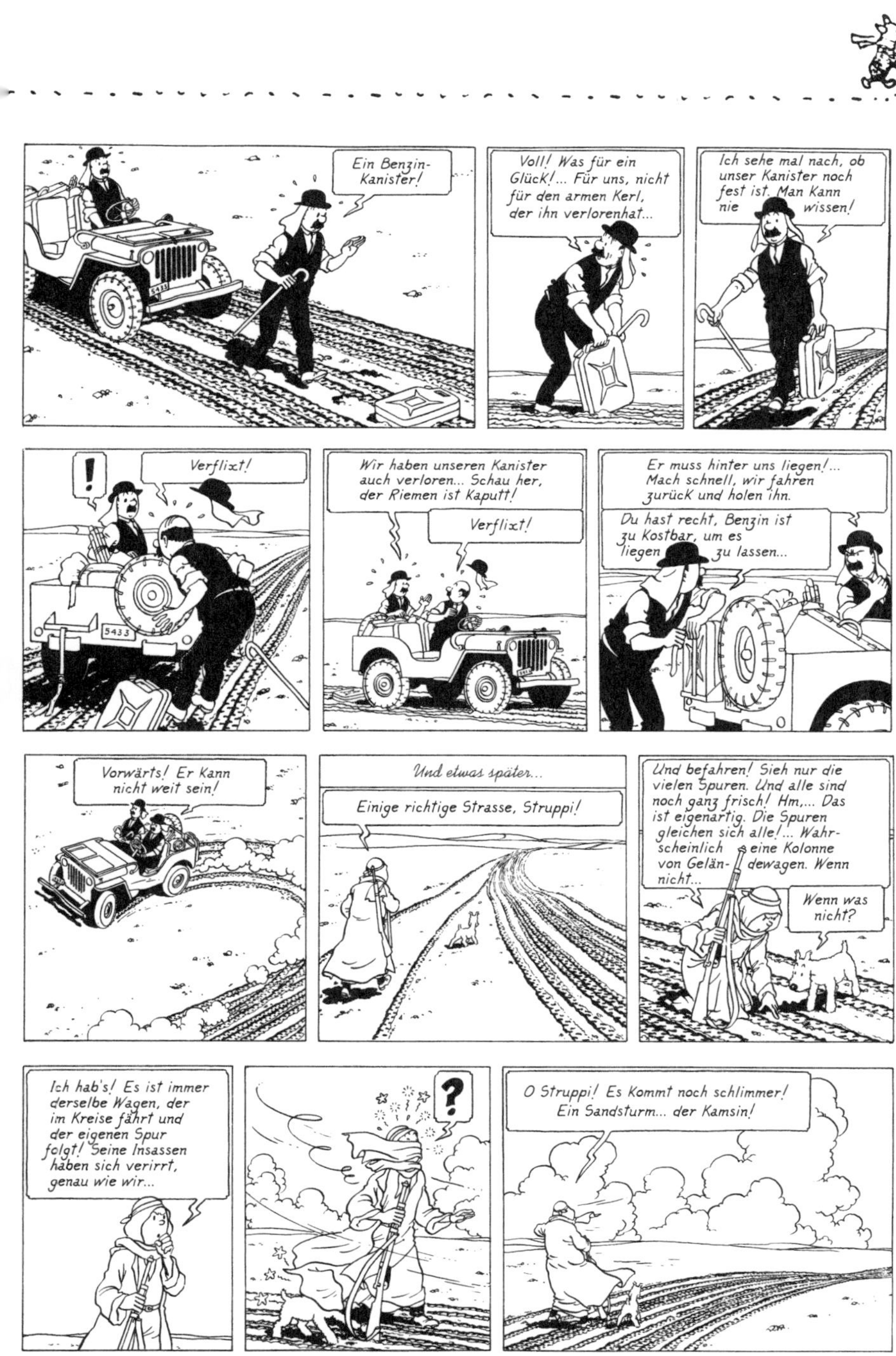
Ein Benzin-Kanister!
Voll! Was für ein Glück!... Für uns, nicht für den armen Kerl, der ihn verlorenhat...
Ich sehe mal nach, ob unser Kanister noch fest ist. Man Kann nie wissen!
!
Verflixt!
Wir haben unseren Kanister auch verloren... Schau her, der Riemen ist Kaputt!
Verflixt!
Er muss hinter uns liegen!... Mach schnell, wir fahren zurück und holen ihn.
Du hast recht, Benzin ist zu Kostbar, um es liegen zu lassen...
Vorwärts! Er Kann nicht weit sein!
Und etwas später...
Einige richtige Strasse, Struppi!
Und befahren! Sieh nur die vielen Spuren. Und alle sind noch ganz frisch! Hm,... Das ist eigenartig. Die Spuren gleichen sich alle!... Wahrscheinlich eine Kolonne von Geländewagen. Wenn nicht...
Wenn was nicht?
Ich hab's! Es ist immer derselbe Wagen, der im Kreise fährt und der eigenen Spur folgt! Seine Insassen haben sich verirrt, genau wie wir...
?
O Struppi! Es Kommt noch schlimmer! Ein Sandsturm... der Kamsin!

Jetzt schwirrt uns aber der Schädel, und wir müssen dringend mal innehalten beim Nachdenken. All die Geschichten, die ich euch erzählt habe, haben eines gemeinsam. Ob ihr wohl herausbekommen habt, was das ist? Richtig. Sie berichten von Personen oder Tieren (aber vielleicht sind manche Tiere auch Personen),

die sich bewusst auf sich selbst beziehen, das aber nicht merken oder wohl merken, aber später, nicht sofort. Die Situation verändert sich aber dramatisch, wenn sie sich mit einem Fürwort der ersten Person Einzahl – also mit ›ich‹, ›mich‹, ›mir‹ oder ›mein‹ – auf sich beziehen, also mit einem Reflexivpronomen. Das lässt sich am besten zeigen an dem Kinderbuch von Mira Lobe und Susi Weigel *Das kleine Ich bin Ich.* Ich hoffe, ihr kennt es. Sonst helfen euch – zusammen mit meinen Erklärungen – die Abbildungen weiter.

Das kleine Ich-bin-Ich ist ein sonderliches kleines Tier. Vorne sieht es ungefähr wie ein Schweinchen aus, allerdings mit einem wirren blauen Haarschopf und einem langen grünen Haarband, in der Mitte wie ein dickliches Nilpferdjunges und hinten etwa wie ein Fasan (oder allenfalls: wie ein struppiges Pony). Kurz:

Es ähnelt keinem
wirklichen Tier.
So läuft es auf
der bunten
Blumenwiese herum,
fragt den Schmetterling,
den Laubfrosch, das Pferd,
die Kuh, die Fische im
Teich, das Nilpferd, den
Papagei, die Hunde,
was es denn eigentlich
sei: etwas wie sie?
Alle Tiere sagen: »Nein, du
bist nicht so wie ich.«
Der Laubfrosch z. B.
quakt und fragt:

»Nanu?
Ein namenloses Tier bist du?
Wer nicht weiß, wie er heißt,
wer vergißt, wer er ist,
der ist dumm!
Bumm.«

Das kleine namenlose Tier gerät in einen Zustand tiefer Niedergeschlagenheit. Es fragt sich, ob es vielleicht gar nicht existiert, weil kein Name der richtige für es ist:

Und das kleine bunte Tier,
das sich nicht mehr helfen kann,
fängt beinah zu weinen an.
Aber dann …

Aber dann bleibt das Tier mit einem Ruck,
mitten im Spazierengehen,
mitten auf der Straße stehen,
und es sagt ganz laut zu sich:
»Sicherlich
gibt es mich:
ICH BIN ICH!«

Daraus schöpft es ein tiefes Selbstvertrauen. Als es durch einen Park geht, pustet ein Kind Seifenblasen aus einem Fläschchen, und in denen spiegelt es sich. Erst denkt es: Da ist ja noch so ein Wesen, wie ich eines bin, also bin ich gar nicht allein. Aber da stößt es mit der Nase gegen die Seifenblase, die platzt, und jetzt ist es wieder allein.

Aber was sagt das kleine ICH-BIN-ICH? »Macht nichts!«, sagt es. »War ja nur ein Spiegeltier! / Es ist fort, und ich bin hier.« Das kleine ICH-BIN-ICH hat erkannt, was der Physiker Ernst Mach und der Philosoph John Perry nicht bemerkt hatten, wohl aber Gallups Schimpansen: dass man sich im Spiegel nur dann *als sich* erkennen kann, wenn man schon vorher wusste, dass man Ich ist (und *wer* man ist).

Die Geschichte geht gut aus. Das kleine ICH-BIN-ICH kehrt zu all den Tieren zurück, die es vorher als nicht zu ihnen gehörig ausgestoßen hatten, zuletzt zum Frosch: Allen sagt es, dass es es selbst sei, und alle bestätigen jetzt, dass das stimmt.

Auch der Laubfrosch
quakt ihm zu:
»Du bist du!
Und wer das nicht weiß,
ist dumm!«
Bumm.

Schluss: Habt ihr jetzt noch Mumm für eine philosophische Auswertung?

Ich muss dazu noch einmal zu einer erfundenen Geschichte greifen, zu Paul Maars *Sams in Gefahr*, die ihr kennen werdet. Herr Daume hat mehrere blaue Wunschpunkte aus dem Gesicht des Sams benutzt, kennt sich aber gar nicht gut aus. Insbesondere weiß er nicht, dass das Wünschen ganz genau formuliert werden muss. So wünscht er allerlei, aber nichts davon genau genug. Alle möglichen Unglücke geschehen. Am Ende, weil alle seine Wünsche misslingen, ruft er in Verzweiflung aus: »Ich wünsche – nichts!« Und jetzt passiert Folgendes:

> Leider verstand der Wunschpunkt Herrn Daumes Ausruf so, wie er sich anhörte. Beim Hören weiß man ja nicht, wie sich der Anfangsbuchstabe von »nichts« schreibt, ob groß oder klein [ob ›nichts‹ also ein Fürwort ist oder ein Name, ein Dingwort]. Kaum hatte Herr Daume ausgesprochen, verschwand alles um ihn herum. Er hatte das Nichts herbeigewünscht. Es gab weder links noch rechts, weder Licht noch Dunkelheit, nicht mehr oben oder unten, er stand nicht, aber er lag nicht, saß oder hockte auch nicht, man konnte seinen Zustand

> aber auch nicht Schweben nennen, es gab nichts um ihn herum, keinen Gegenstand, keinen Laut, kein Geräusch, nur das Nichts. Herr Daume wollte sprechen, sich zurückwünschen. Aber es gab keine Sprache mehr. Herr Daume bekam Angst, dass auch er nichts sei, dass es ihn nun auch nicht mehr gebe. Doch dann sagte er sich: Wenn ich Angst habe, muss es mich auch geben, denn wer sollte sonst Angst haben? Das tröstete ihn. Er versuchte es mit Denken statt mit Sprechen, dachte ganz stark und konzentriert an seinen Wunsch und sagte innerlich: »Ich wünsche, dass ich wieder in meinem Zimmer bin!«
> Kaum hatte er ausgedacht, hörte er schon das »Au!« des Sams und fand sich in seinem Wohnzimmer wieder.

Ein berühmter neuzeitlicher Philosoph, René Descartes, der von 1596 bis 1650 gelebt hat, hatte Herrn Daumes Problem schon haargenau durchschaut. Er hatte sich gefragt, während er vor einem gemütlichen Kaminfeuer saß und nachdachte, woher er eigentlich wisse, dass seine Überzeugungen wahr sind. Oft schon haben uns unsere Sinne getäuscht; wir haben aus der Ferne etwas für rund gehalten, das sich dann als viereckig herausgestellt hat; oder die Sterne, von denen doch die meisten viel größer sind als die Erde, sind uns zentimeterklein vorgekommen. Nachts träu-

men wir, und der Traum zeigt uns falsche Bilder. Woher wissen wir eigentlich, dass unser Leben nicht ein einziger Traum ist, aus dem wir nur nie aufwachen? Nehmen wir mal den schlimmsten Ernstfall an: Es könnte doch sein, dass es einen allmächtigen bösen Geist gibt, der uns die ganze Zeit an der Nase herumführt. Die Dinge, die wir außer uns wahrnehmen, könnten – wie im Traum – gar nicht wirklich da sein. Auch mein Körper gehört zur Welt, und vielleicht bilde ich mir nur ein, dass ich einen habe. Wenn wir rechnen ›2 + 2 = 4‹, könnte der böse Geist unseren Verstand nicht verhext haben, und statt 4 käme in Wirklichkeit 7 heraus? Und so immer weiter und immer schlimmer. Endlich aber stutzt Descartes. Wenn es keinen Himmel, keine Erde, keine Sinne und keinen Körper, sondern nur einen mächtigen Zauberer gibt, der mich betrügt, dann, fragt sich Descartes: Könnte es nicht auch sein, dass es auch *mich* nicht gibt? (Das ist dieselbe Frage, die sich Herr Daume stellt.) Und er antwortet: Nein, das könnte auf keinen Fall sein. Denn

> wenn [der allmächtige Betrüger] mich täuscht, so besteht doch gar kein Zweifel, dass ich bin. Er täusche mich, soviel er kann, *niemals wird er es doch fertig bringen, dass ich nichts bin, solange ich denke, dass ich etwas sei.* Und so komme ich, nachdem ich nun alles mehr als genug hin und her überlegt

habe, schließlich zu der Feststellung, dass dieser Satz: *Ich bin, ich existiere*, sooft ich ihn ausspreche oder in Gedanken fasse, notwendig wahr ist.

Wie das kleine ICH-BIN-ICH kommt Descartes zu einer wichtigen und tröstlichen Einsicht: Mag alles andere um mich her ungewiss und zweifelhaft sein, eines steht so fest, ja, es steht noch sicherer fest als das Amen in der Kirche: dass ich bin und dass ich ein denkendes Wesen bin. Von dieser Sicherheit aus kann ich getrost auf die Welt und die anderen Iche zugehen. Denn an diesen hellen Punkt, unser eigenes Ich, meinte Descartes, lassen sich auch alle anderen Gedanken anknüpfen, die wir klar und deutlich fassen – sie verlieren nun mehr und mehr ihre Fraglichkeit. Am Ende bleibt übrig, was die Naturwissenschaften uns als wahr versichern.
Aber das ist ein weiter Weg, den wir heute nicht mehr gehen wollen.

Noch ein Resümee:

Was meint ihr: Haben wir jetzt eine Antwort auf die Frage *Warum bin ich Ich?* Ehrlich gesagt: nein. Bestenfalls verstehen wir jetzt besser, *warum* wir uns so schwer mit dieser ›Warum‹-Frage tun und wo ihre Tücken liegen. Wer sie kennt, wird von der Sprache nicht mehr so oft irregegeführt werden. Im Übrigen: Wer könnte sich über unsere Ratlosigkeit lustig machen; wer hätte diese Antwort? Die Physiker, die Psychologen, die Pfarrer oder die Ärzte? Die schon gar nicht. Der liebe Gott? Nicht einmal der. Denn Descartes hat uns doch eben gezeigt, dass Gott mit uns nicht machen kann, was er will: Solange wir noch denken können, kann er uns nicht daran irremachen, dass wir Iche sind. ICH ist der helle Punkt, der Licht wirft auf alles andere in unserem Leben. Das scheint der Grund dafür zu sein, warum das kleine ICH-BIN-ICH so glücklich ist mit seiner mühsam errungenen Einsicht. Es ist ihm ganz egal, warum es Ich ist; Hauptsache, es *ist* Ich. Und dieses Glück wünsche ich euch allen ebenfalls – und von Herzen.

Benutzte Literatur

Wilhelm Busch, Der Schmetterling, in: Das goldene Wilhelm-Busch-Album, 2. Teil: Späße und Weisheiten, Hannover, 19. Aufl. 1987, II. Teil, 281-302 (das Motto: S. 281)

René Descartes, »Édition Seconde touchant la première philosophie [...]«, in: ders., Œuvres et lettres. Textes présentés par André Bridoux, Paris 1953, Zweite Meditation, S. 274 f.

Marc D. Hauser, Wild Minds. What Animals Really Think, New York: Henry Holt and Company 2001. An Owl Book, hieraus das 5. Kapiel »Know Thyself«, 91-113 (bes. 103 f.); deutsch: Wilde Intelligenz. Was Tiere wirklich denken, München 2001

Peter Handke, Wim Wenders, Der Himmel über Berlin. Ein Filmbuch, Frankfurt/M. 1987, S. 14-16

Hergé, Tintin au pays de l'or noir, Erstdruck 1950, Brüssel 1977, S. 29 f.; deutsch: Im Reich des schwarzen Goldes, Hamburg 1998 (Tim und Struppi, Neuausgabe, Bd. 14)

Ernst Theodor Amadeus Hoffmann, Die Abenteuer der Sylvester-Nacht, in: E. T. A. Hoffmann, Fantasie-Stücke in Callot's Manier. Werke 1814, hg. von Hartmut Steinecke, Frankfurt/M. 1993, S. 325-359, daraus bes. das IV. Kap.: »Die Geschichte vom verlornen Spiegelbilde«, S. 342 ff.

Mira Lobe, Das kleine Ich bin Ich, gemalt von Susi Weigel, Wien-München 1972

Immanuel Kant, Kritik der Urteilskraft, in: Manfred Frank u. Véronique Zanetti (Hgg.), Kant, Schriften zur Ästhetik und Naturphilosophie, Frankfurt/M. 1996; seitengleicher Neudruck in 3 Bänden als Taschenbuchausgabe Frankfurt/M. 2001, § 54 (dort: S. 689 ff.)

Paul Maar, Eine Woche voller Samstage, Hamburg 1973

– Sams in Gefahr, Hamburg 2002, S. 63 f.

Ernst Mach, Analyse der Empfindungen, Jena 1886, S. 3

A. A. Milne, Chapter III, »In Which Pooh and Piglet Go Hunting and Nearly Catch a Woozle«, in: ders., Winnie-the-Pooh. With decorations by Ernest H. Shepard, Erstdruck 1926, New York 1988, S. 34-43; deutsch: Pu der Bär, Hamburg 1999

John Perry, »Das Problem der wesentlichen Indexwörter«, 402-424, in: Manfred Frank (Hg.), Analytische Theorien des Selbstbewußtseins, Frankfurt/M. 1994, hier: S. 402; Original: »The Problem of the Essential Indexical«, in: Noûs 13 (1979), S. 67-90, hier: S. 67

Johann Christian Reil, Rhapsodien über die Anwendung der psychischen Curmethode auf Geisteszerrüttungen, Halle 1803, S. 70

Paul Schilder, Selbstbewusstsein und Persönlichkeitsbewusstsein. Eine psychopathologische Studie, Berlin 1914, S. 55

Sydney Shoemaker, »The Royce Lectures: Self-knowledge and inner sense«, in: ders., The First-Person Perspective and Other Essays, Cambridge University Press 1966, S. 201-268, hier: S. 211

Bildnachweis

Atrium Verlag, Zürich: 31, 32, 34, 35
Ted Dewan, London: 28
Hergé / Moulinsart 2006: 38/39
Aus: Mira Lobe, Susanne Weigel: Das kleine Ich bin ich © 1972 by Verlag Jungbrunnen, Wien: 40/41, 42/43, 44/45, 46/47, 48/49, 50/51